Preguntas que ponen los pelos de punta

ediciones iamiqué

Terremotos y volcanes
para los más curiosos

Fernando Simonotti y Gabriela Baby
Ilustraciones de Javier Basile

¿Qué es **ediciones iamiqué**?

ediciones iamiqué es una pequeña empresa argentina dirigida por una física y una bióloga empecinadas en demostrar que la ciencia no muerde y que puede ser disfrutada por todo el mundo. Fue fundada en 2000 en un desván de la Ciudad de Buenos Aires, junto a la caja de herramientas y al ropero de la abuela. **ediciones iamiqué** no tiene gerentes ni telefonistas, no cuenta con departamento de marketing ni cotiza en bolsa. Sin embargo, tiene algo que debería valer mucho más que todo eso: unas ganas locas de hacer los libros de información más innovadores, más interesantes y más creativos del mundo.

Textos: Fernando Simonotti y Gabriela Baby
Asesoramiento: Andrés Folguera
Corrección: Patricio Fontana
Propuesta digital: Ana Clara Knopp
Ilustraciones: Javier Basile
Edición: Carla Baredes
Diseño: Javier Basile

www.iamique.com.ar ; info@iamique.com.ar

Primera edición: febrero de 2014
ISBN 978-987-1217-54-0
Tirada: 3000 ejemplares
Queda hecho el depósito que establece la ley 11.723
Impreso en la Argentina - Printed in Argentina

Simonotti, Fernando
Terremotos y volcanes para los más curiosos / Fernando Simonotti y Gabriela Baby ; ilustrado por Javier Basile. - 1a ed. - Ciudad Autónoma de Buenos Aires : Iamiqué, 2014.
60 p. : il. ; 21x21 cm. - (Preguntas que ponen los pelos de punta)

ISBN 978-987-1217-54-0

1. Ciencia para Niños. I. Baby, Gabriela II. Javier Basile, ilus. III. Título
CDD 500.54

Agradecemos a Andrés Folguera, doctor en Ciencias Geológicas, por sus pacientes explicaciones y por la lectura minuciosa de este libro.

Antes de empezar...

A lo largo de estas páginas encontrarás, de tanto en tanto, alguna propuesta para seguir indagando en el espacio digital.

¿Quieres saber un poco más?

www.iamiquepreguntas.blogspot.com

Si te gusta la idea, captura el **código QR** con una cámara (de teléfono, de tableta o de computadora) o ingresa directamente al **blog** de Preguntas que ponen los pelos de punta y sigue el vínculo correspondiente. Allí encontrarás fotos, videos y curiosidades muy interesantes, que te convertirán en un verdadero experto en terremotos y volcanes. ¡Que los disfrutes mucho!

Preguntíndice

Preguntas sobre el interior de la Tierra

¡¿Qué está pasando?!

Cuando se produce un terremoto el suelo se mueve, las rutas se parten, los puentes se desploman, los edificios se hamacan y algunos, incluso, se caen a pedazos. Cuando hay un tsunami, el mar se enfurece y las olas destrozan las playas e incluso algunas poblaciones costeras. Cuando un volcán entra en erupción, su lava destruye todo lo que encuentra a su paso y las cenizas forman una nube tan espesa que puede cubrir el cielo durante varios días. **¿De dónde viene toda esta "furia terrestre"?**

¿Qué hay debajo del piso de casa?

La superficie de la Tierra, que es la parte del planeta que habitamos, es una capa muy dura sobre la que se despliegan los más variados y raros paisajes: montañas, volcanes, llanuras, mares, ríos... Pero ¿qué hay debajo de esa **corteza terrestre**?

Imagina que te subes a una supernave-taladro y empiezas a perforar la corteza. ¡Trrrr trrrrr! Al principio, sólo ves piedras y más piedras. A lo largo de decenas de kilómetros se extiende esta "cáscara" del planeta, formada por diferentes minerales, como granito, basalto, aluminio y silicatos. Mientras desciendes, sientes más y más calor hasta que, de repente, el taladro casi no hace ruido. ¿Qué ocurre? Has llegado al **manto**, donde la temperatura va de 500 grados a 4.500 grados. A esta profundidad (aproximadamente, entre cien y tres mil kilómetros) el calor es tan intenso que las piedras se funden y forman una sustancia viscosa llamada **magma**.

El magma no está quieto: sus materiales se desplazan hacia un lado y hacia otro formando corrientes que se mueven muy lentamente. Aunque a la nave le cuesta avanzar, ¡acelera! Falta muy poco para llegar a un lugar muy interesante...

¿Qué hay en el centro de la Tierra?

¡Atención! Estás llegando al **núcleo terrestre**, la última etapa del viaje. La temperatura allí puede superar los 6.700 grados, "algo más" que los 40 que marca el termómetro un día de calor abrasador. Ahora es casi todo hierro y níquel que, debido a la altísima temperatura, se encuentran en estado líquido.

Si sigues viaje en dirección al centro, llegarás a un lugar que ya no puedes perforar con tu nave. ¿Qué hay allí? Se trata del **núcleo interno**, un bloque metálico sólido y duro por efecto del peso que soporta. Imagínate: el núcleo interno soporta el peso del núcleo externo, del manto y, finalmente, de la corteza. ¡Está supercomprimido! Si tienes ganas de seguir paseando, prueba dar una vuelta... ¡necesitas viajar 7.500 kilómetros para realizar la vuelta completa!

¿Podrías viajar al centro de la Tierra?

iamiquepreguntas.blogspot.com

¿Por qué está caliente el centro de la Tierra?

En el comienzo de la historia, hace unos 4.500 millones de años, había una nube de polvo y gas muy caliente flotando en el espacio. El centro de esta nube contenía una gran cantidad de materia que, debido a su alta temperatura, se encendió y formó nuestro Sol.

Por efecto de la gravedad, los pedazos de materia caliente que orbitaban alrededor del Sol empezaron a juntarse entre sí, uno por aquí, otros más allá, y formaron los planetas: uno de ellos es la Tierra. Este es el origen de nuestro Sistema Solar.

En la Tierra, luego de muchos millones de años, la corteza externa se hizo sólida y el planeta se fue enfriando. Pero el interior conservó y aún conserva parte del **calor original**.

¿Quieres saber más sobre el origen del planeta Tierra?

iamiquepreguntas
.blogspot.com

¿Cómo se sabe cuánto mide la Tierra?

En tu imaginario viaje, desde la corteza hasta el centro, has recorrido 6.200 kilómetros. ¡Muchísimos! Este número no se midió con una regla ni se conoce desde la semana pasada, sino gracias a cálculos que se hicieron hace unos **2.200 años**. ¿Cómo? Cuentan que Eratóstenes -un matemático griego que además era poeta, astrónomo y atleta- observó y midió la sombra producida por una vara al mediodía, en la ciudad de Alejandría, y luego hizo lo mismo en otra ciudad cercana, Siena. Luego midió la distancia entre las dos ciudades y, poniendo en práctica sus conocimientos sobre geometría, obtuvo de manera muy precisa la medida del **perímetro de la Tierra**, es decir, la longitud de una vuelta completa al planeta.

¡Bravo, Eratóstenes!

Eratóstenes no dio la medida en kilómetros o en millas, sino en estadios, que es la unidad de medida que usaban los griegos en la antigüedad.

Dijo que el perímetro de la Tierra era de 252.000 estadios (cada estadio equivalía a 157 metros y medio), es decir, unos 39.690 kilómetros, un valor muy cercano al que se conoce en la actualidad. Después, como era un apasionado de los números, hizo algunas cuentas más y sacó la distancia al centro del planeta. Y así pudo saber que desde la superficie hasta el centro hay 40.100 estadios, es decir, unos 6.300 kilómetros. Erró por muy poquito, sin usar computadoras ni satélites... ¿Qué tal?

Conoce a Eratóstenes de la mano de Carl Sagan

www

iamiquepreguntas.blogspot.com

Algunos escritores imaginaron locos viajes al centro de la Tierra en los que curiosos y raros personajes se metían bajo las capas terrestres.

En *Viaje al centro de la Tierra*, una novela del escritor francés **Jules Verne**, un grupo de expedicionarios se introduce por un volcán y adentro encuentra un mar subterráneo donde habitan monstruosas criaturas. La novela causó miedo, asombro y muchas preguntas, porque en la época en que se publicó aún no se sabía cómo está formada la Tierra.

Edgar Rice Burroughs, que también es el autor de *Tarzán*, escribió una serie de historias sobre *Pellucidar*. Según el autor, nuestro planeta era una cáscara hueca, dentro de la cual existía Pellucidar, un mundo iluminado por un diminuto sol interior. Allí vivía una raza de hombres que batallaba contra animales del tamaño de los dinosaurios.

En la película ***The Core*** *(El núcleo)*, estrenada en 2003, el núcleo interno de la Tierra deja de girar, y esto provoca muchísimos desastres en la superficie del planeta. Los científicos suponen que el fin de la vida está cerca y, para evitarlo, mandan a un grupo de destacados geofísicos hacia el centro de la Tierra, con el propósito de poner nuevamente en movimiento el núcleo. ¡Qué imaginación!

¿La Tierra es un rompecabezas?

La corteza terrestre no es una capa continua, homogénea y lisa como podría ser la cáscara de una sandía: tiene **partes sólidas**, que son los continentes e islas, y **partes líquidas**, que son los océanos, los mares y los lagos. Si miras un planisferio, verás que todas esas partes forman un rompecabezas o puzzle. ¿Te habías dado cuenta de eso?

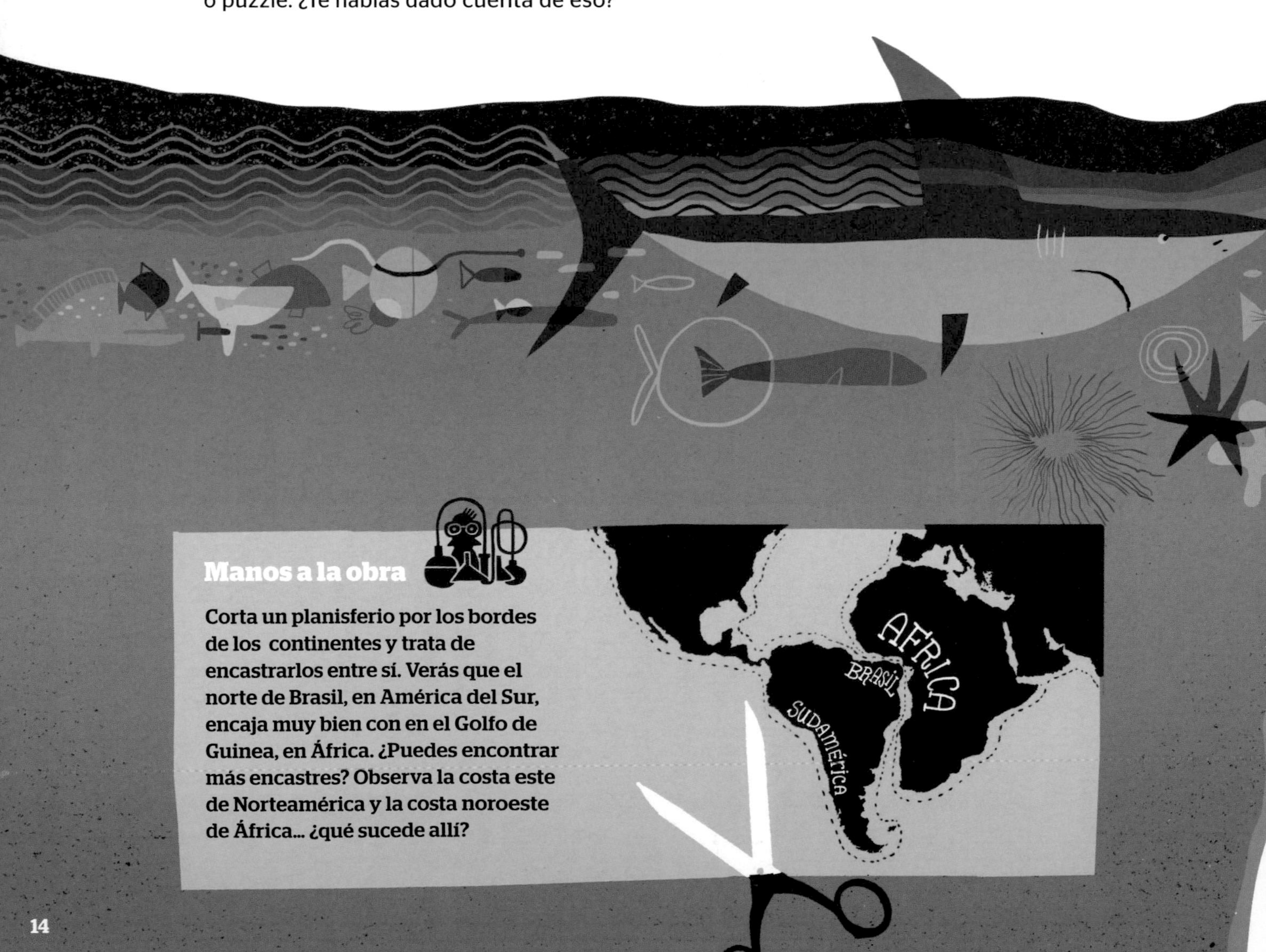

Manos a la obra

Corta un planisferio por los bordes de los continentes y trata de encastrarlos entre sí. Verás que el norte de Brasil, en América del Sur, encaja muy bien con en el Golfo de Guinea, en África. ¿Puedes encontrar más encastres? Observa la costa este de Norteamérica y la costa noroeste de África... ¿qué sucede allí?

¿Quién desparramó las piezas?

Los geólogos descubrieron que hace 3.000 millones de años, con la corteza ya en estado sólido, en la Tierra había **un solo continente**, al que denominaron *Vaalbara*. La presión y el movimiento del manto hicieron que *Vaalbara* se partiera en pedazos, a los que los geólogos llamaron **placas tectónicas**. Estas placas comenzaron a deslizarse muy lentamente sobre el manto, como si emprendieran un viaje de miles de millones de años. Durante el traslado, algunas placas se unieron entre sí y surgió otro gran bloque continental llamado *Pangea*.

Pangea existió hace 300 millones de años. Fue el último supercontinente, que más tarde (hace 200 millones de años) se partió en catorce grandes partes. Estas catorce placas se desplazaron durante muchos millones de años, llevadas por las corrientes del manto, hasta que se acomodaron y adquirieron la forma que conocemos en la actualidad.
Pero no creas que todos estos reacomodamientos ya terminaron. Muy por el contrario: ¡las placas aún siguen en movimiento! Inquietante, ¿no crees?

Mira cómo lo explicaba *Calculín*, un personaje creado en 1976

www

iamiquepreguntas
.blogspot.com

¿Hacia dónde se desplazan los continentes?

En el centro del océano Atlántico, sumergida en el fondo del mar, hay una gran cordillera. Pocos mapas la muestran, pero ahí está, bajo mucha agua salada. En realidad, esta cordillera es una gran fisura en la superficie terrestre que se conecta con el interior de la Tierra. El magma presiona desde el manto y surge con fuerza por esta gran grieta, empujando la placa de América hacia el Oeste y la placa de África hacia el Este. Por el otro lado, por el Oeste, América se topa con otras placas, que se llaman Placa de Nazca y Placa del Pacífico.

¿Y qué ocurre cuando una placa choca con otra? Sencillísimo: una placa se sumerge hacia el manto y la otra se eleva. De este modo, surge una cadena montañosa. Eso sí, por más que te sientes con paciencia a ver la montaña, no notarás el crecimiento: el proceso ocurre en millones de años, un tiempo demasiado largo para una persona.

¿A qué velocidad se mueven los continentes?

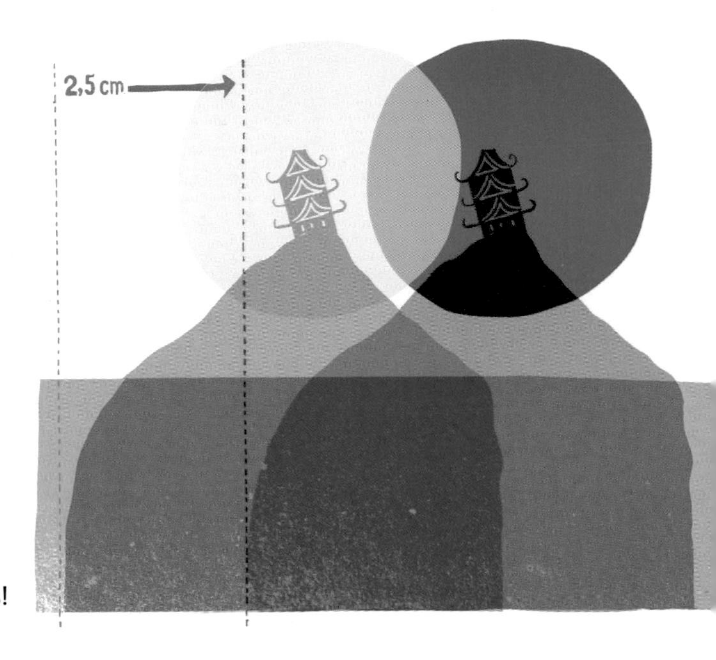

América se separa de África y de Europa unos pocos centímetros **por año**, a la velocidad con la que crecen las uñas de tus manos. Pero la Placa de Nazca, en el medio del océano Pacífico, ¡se mueve a la velocidad con la que crecen tus cabellos!

También puede haber **movimientos bruscos** al separarse dos placas. Por ejemplo, luego del violento terremoto de 2011, ¡Japón se desplazó 2,5 centímetros del continente asiático en pocas horas!

Manos a la obra

¿Te gustaría armar una cordillera? Consigue dos barras de plastilina (o masa) y amásalas hasta formar dos superficies planas. Pon una al lado de la otra, de tal manera que queden en contacto a lo largo de un lado, y desplázalas suavemente, para que se presionen entre sí. Verás que una sube sobre la otra y así se forma una "cadena montañosa".

¿Por qué hay fósiles marinos en la cordillera de los Alpes?

iamiquepreguntas
.blogspot.com

¿Un día de millones de años?

Hace unos **4.540 millones de años** se consolidó el Sistema Solar, con el Sol como centro y los planetas orbitando a su alrededor, entre ellos, la Tierra. La vida sobre la superficie terrestre hizo su aparición después de unos 1.000 millones de años.
Un millón de años es tanto tiempo que no parece muy diferente de dos millones de años, pues ambos períodos de tiempo son demasiado largos como para pensarlos en relación con una vida de menos de cien años. ¿Y qué puedes decir de 1.000 millones de años?

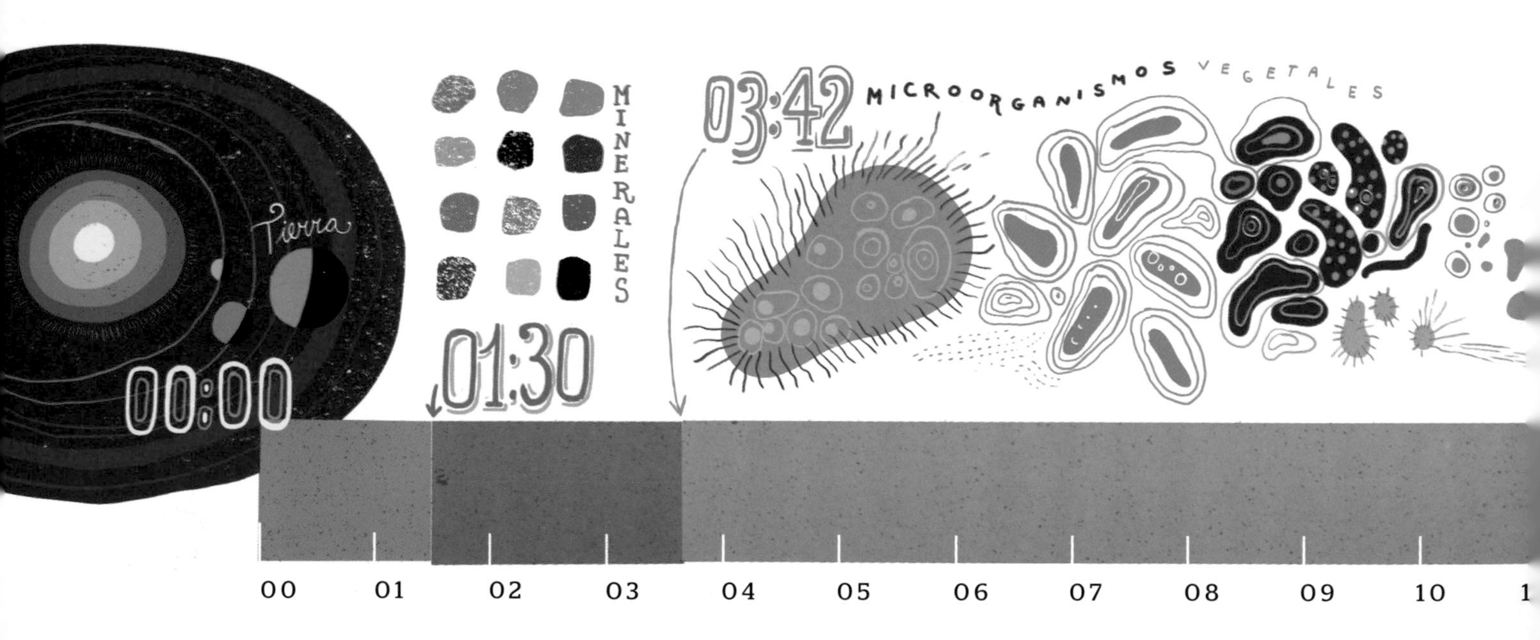

Para curiosos insaciables

¿Cómo se sabe la edad de una montaña? Los minerales que componen las rocas de las montañas están formados por átomos de diversos elementos. Algunos se mantienen igual a lo largo de millones de años, mientras que los átomos de otros elementos se van rompiendo con el tiempo. Entonces, al analizar cuántos átomos rotos hay en sus minerales, los geólogos pueden determinar la edad de las rocas y, de este modo, deducir la edad de la montaña.

Para poder entender cómo sucedieron algunas cosas, imagina que toda la historia de la Tierra transcurriera en un solo día. Entonces, si la Tierra se originó justo a las **0:00** (medianoche), a la **1:30** de la mañana estarían listos los primeros minerales que ahora conocemos. A las **3:42** surgirían los primeros microorganismos de origen vegetal y recién a las **13:18**, digamos a la hora del almuerzo, nacerían los primeros organismos con posibilidad de respirar.

Pangea se forma a las **20:40**, casi para el fin del día, y a las **22:56** se fragmenta. Las primeras aves aparecen a las **23:12** y poco después, a las **23:18**, las primeras flores. A las **23:38** se inundan los continentes y apenas un minuto más tarde se extinguen los dinosaurios.

A las **23:59** aparece el primer hombre, antecesor del hombre actual, y en el **último segundo** de este día Colón llega a América. **¡La historia de la humanidad es apenas unos pocos segundos comparada con el largo día que dura la historia del planeta Tierra!**

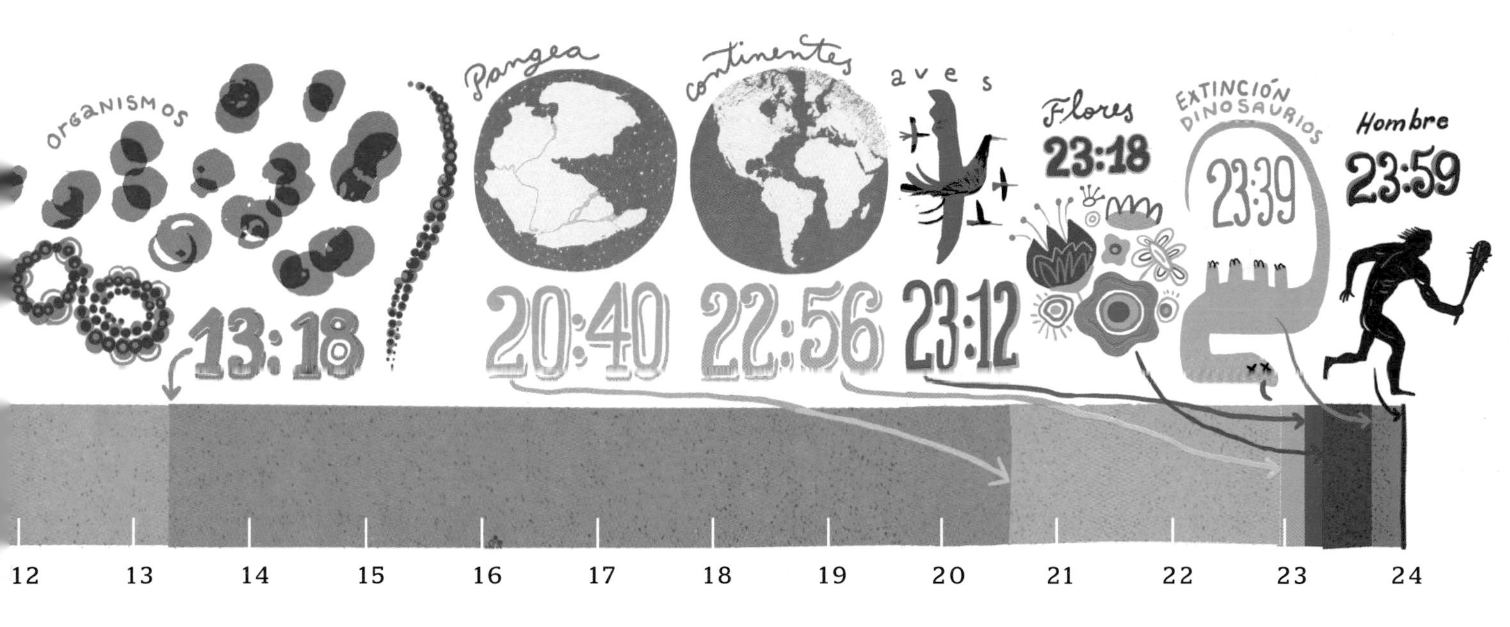

Fósiles que hablan

iamiquepreguntas
.blogspot.com

DATOS CURIOSOS

¡Qué imaginación!

En la Europa medieval, hace más o menos mil años, los estudiosos estaban convencidos de que la Tierra era **plana** y estaba rodeada por un **océano tormentoso**. ¡Algunos llegaron a afirmar que a la Tierra la sostenían cuatro elefantes gigantes que se erguían sobre una tortuga monstruosa!

¡Vamos a la playa!

¿Cómo será el planeta en el futuro? Los científicos aseguran que en 250 millones de años todos los continentes se unirán nuevamente en un único **gran supercontinente**, rodeado de un inmenso océano. ¿Te imaginas cómo serán los viajes al mar?

Mar del Este
2 47.613 Km

¡Qué pozo!

El proyecto Kola tenía la misión de **perforar la corteza terrestre**. Para llevarlo a cabo, diseñaron un taladro inmenso (se necesitaba todo un edificio para guardarlo) y un plan de excavación. El pozo comenzó a hacerse en 1970 en la península Kola, al norte de Rusia. En 1979 alcanzaron los 9.583 metros y cuatro años después, los 12.000 metros. En 1989 llegaron a los 12.261 metros, pero tuvieron que detenerse debido a las altas temperaturas: 180ºC. Aunque marcaron un récord de profundidad, ¡no lograron pasar de la corteza terrestre!

¡Click!

La **primera fotografía del planeta** visto desde el espacio se tomó el 24 de octubre de 1946. Científicos norteamericanos montaron una cámara en la punta de un misil que trepó a una altura de 105 kilómetros. Aunque eran granulosas y en blanco y negro, esas fotos causaron sensación.

¿Quieres ver las primeras fotografías de la Tierra?

www

iamiquepreguntas.blogspot.com

¿QUÉ HACE
EL NÚCLEO DE
LA TIERRA CUANDO
SE ENFRÍA?

¡Se cubre
con un
manto!

Preguntas **sobre terremotos y tsunamis**

¿Por qué tiembla el suelo?

En las fallas, esas zonas donde se fracturó la corteza terrestre, suele haber **choques de grandes bloques, quiebres y reacomodamientos**. Imagínate: grandes pedazos de corteza terrestre empujan otros grandes pedazos, que a su vez mueven otros y otros. ¡Qué miedo! Estos movimientos que ocurren bajo la superficie provocan que las ciudades, las rutas, los campos y los ríos que están encima se sacudan muy fuertemente. Si andas por ahí, tienes que saberlo: se trata de un **terremoto**. O, si prefieres otro nombre, puedes decirle **sismo**. Lo llames como lo llames, ¡ponte a salvo!

¿Cómo es un terremoto por dentro?

El lugar donde empieza el desplazamiento de las placas se llama **foco** y suele estar a unos pocos kilómetros de profundidad. Justo arriba del foco, sobre la superficie, está la zona donde se producen las mayores sacudidas: el **epicentro**.

Cuando ocurre un sismo, la fuerza de la fractura se traslada desde el foco y así mueve y quiebra las rocas a su paso, como ocurre cuando pones las piezas de dominó en hilera y tumbas la primera: cada una derriba la de al lado. Esa es la **onda sísmica**. ¡Qué onda!

Conoce la falla más famosa del mundo

iamiquepreguntas.blogspot.com

Para curiosos insaciables

¿Sabías que en la Luna también hay terremotos? No se producen por el movimiento de placas tectónicas, sino por la enorme fuerza gravitatoria que ejerce la Tierra sobre ella. Otra diferencia es que los "lunamotos" ocurren en las profundidades de la corteza lunar, a media distancia entre la superficie y el centro del satélite.

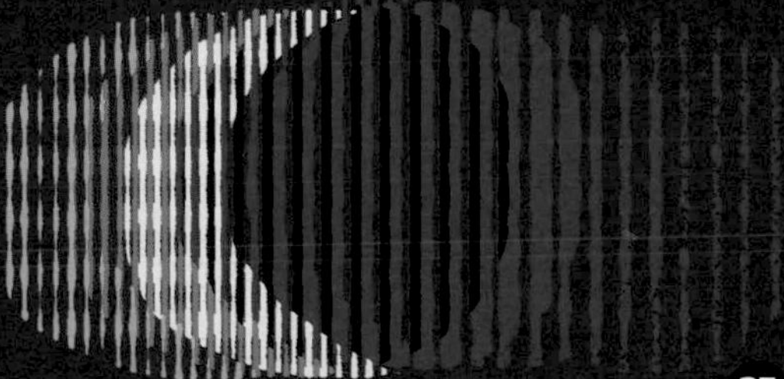

¿Cómo se miden los terremotos?

Los científicos, que todo lo observan, están muy interesados en describir, analizar y comparar los terremotos que ocurren en el mundo. Para medir la intensidad de los sismos utilizan un aparato que se llama **sismógrafo**. El sismógrafo tiene un sensor que detecta los movimientos más sutiles de la corteza terrestre y que está conectado a una aguja que escribe sobre un papel. Cuando el sensor percibe un movimiento hace temblar la aguja que, automáticamente, dibuja las oscilaciones. De alguna manera, el sismógrafo trabaja del mismo modo que el aparato que utilizan los médicos para medir las pulsaciones cardíacas, **¡como si escuchara los latidos del corazón del planeta!**

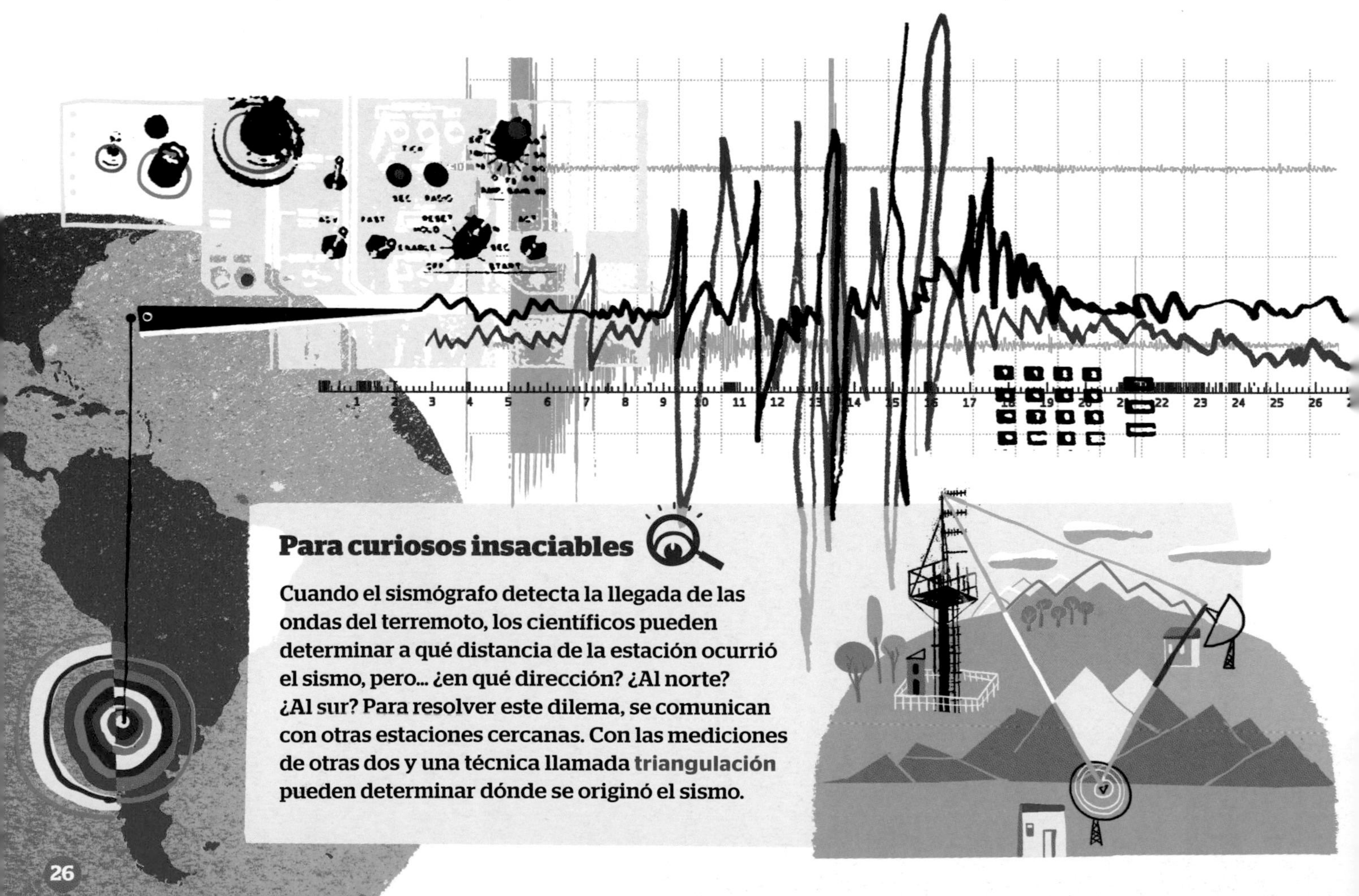

Para curiosos insaciables

Cuando el sismógrafo detecta la llegada de las ondas del terremoto, los científicos pueden determinar a qué distancia de la estación ocurrió el sismo, pero... ¿en qué dirección? ¿Al norte? ¿Al sur? Para resolver este dilema, se comunican con otras estaciones cercanas. Con las mediciones de otras dos y una técnica llamada triangulación pueden determinar dónde se originó el sismo.

Uno, dos, tres y ¡más!

Con la medición del sismógrafo, los científicos clasifican el poder del terremoto usando una escala numérica llamada **escala Richter**, en honor al físico que por primera vez formuló un método para clasificar los sismos. Esta escala, que ya no guarda relación con la que propuso Richter, asigna un número según cuán fuerte sea el sismo, de menor a mayor.

Escala Richter

Menor de grado 3: Son movimientos leves, que no son percibidos por las personas, pero sí por los sismógrafos.

Grados 3 y 4: Pueden mecer las lámparas, y voltear libros y objetos de las estanterías.

Grado 5: Tienen potencia suficiente para causar quebraduras en casas y edificios.

Grados 6, 7 y 8: Provocan importantes destrozos: parten puentes, derrumban edificios y abren grietas en las calles.

Grado 9: Son los más poderosos registrados hasta el momento: destruyen ciudades, rutas y puentes. Se registra uno por año.

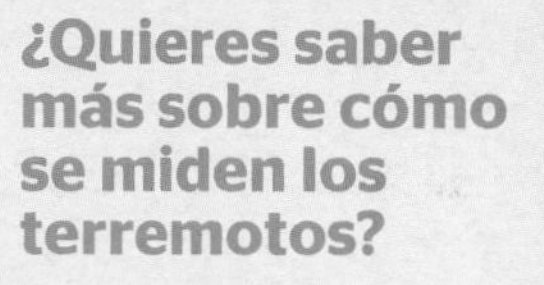

¿Quieres saber más sobre cómo se miden los terremotos?

iamiquepreguntas.blogspot.com

¿Cuántos terremotos habrá hoy?

Muchas personas mayores dicen que antes no había tantos sismos como ahora. Si alguna vez escuchas algo de esto, puedes asegurar que no es así: lo que ocurre es que ahora hay cerca de 16.000 sismógrafos en el mundo, los cuales registran más de 500 mil terremotos por año. **¡1.370 sismos, en promedio, por día!** Pero atención: muy pocos son de grado 3 o más en la escala Richter, de modo que sólo alrededor de 100 terremotos por año son percibidos por las personas. Eso sí: como hay más ciudades que antes, los terremotos provocan daños materiales con mayor frecuencia. Y como estamos muchísimo más comunicados, nos enteramos de ellos casi en el instante en que están ocurriendo.

Para curiosos insaciables

Entre los terremotos de los que se tiene registro, el mayor ocurrió en Chile el 22 de mayo de 1960, cerca de la ciudad de Temuco, con un 9,5 en la escala Richter. La ciudad más afectada fue Valdivia, donde casi la mitad de las casas resultó destruida. Como consecuencia de las fisuras que provocó el sismo, dos días después el volcán Cordón Caulle, que está en el sur de Chile, empezó a soltar lava y gases, ¡y siguió haciéndolo durante dos meses!

Se hace camino al andar...

Cuando las ondas sísmicas atraviesan un líquido, lo hacen a determinada velocidad. Si en el camino se encuentran con un material más espeso, disminuyen su rapidez. Incluso, si se encuentran con un material muy duro, frenan y desaparecen. Como las ondas cruzan la Tierra en todas direcciones y son detectadas por muchos sismógrafos a la vez (ubicados en distintos lugares), los científicos pueden deducir qué tipo de material encontraron en su camino desde que partieron de su foco hasta que llegaron a cada sismógrafo. De este modo, se pudo saber que existe un núcleo interno sólido y también pudo hacerse un mapa de la compleja estructura interior del planeta.

Así que **los terremotos permiten conocer la estructura interna de la Tierra**. ¿Habrá que darles las gracias?

Temblores que revelan amor

www

iamiquepreguntas
.blogspot.com

Los **sabios aztecas** consideraban que, al atardecer, el Sol comenzaba a desplazarse bajo la Tierra, hasta que volvía a aparecer en el horizonte opuesto, al día siguiente. La Luna y las estrellas emprendían el mismo recorrido, pero al amanecer. Y claro... con tantos astros desplazándose de poniente a oriente, de día y de noche, podían ocurrir algunos choques o tropezones entre ellos. Entonces ocurría un *tlalollin*, es decir, un terremoto.

Según los **chibchas**, un pueblo originario americano que habitaba la actual Colombia, el dios de la agricultura, *Chibchacum,* tenía la ardua tarea de sostener la Tierra sobre sus hombros. Cada vez que se cansaba de cargarla sobre uno de sus hombros, la pasaba al otro. Cuando se cansaba otra vez, la devolvía al primero. Y cada vez que *Chibchaum* hacía un cambio, ¡la Tierra se estremecía!

Para los **antiguos japoneses**, las islas de Japón estaban apoyadas sobre el lomo de *namazu*, un pez gato gigante. Para evitar que las islas cayeran al agua, el dios *Kashima* mantenía inmovilizado al pez, oprimiéndolo contra una gran roca. Sin embargo, cada tanto Kashima se distraía, *namazu* se sacudía... ¡y Japón temblaba!

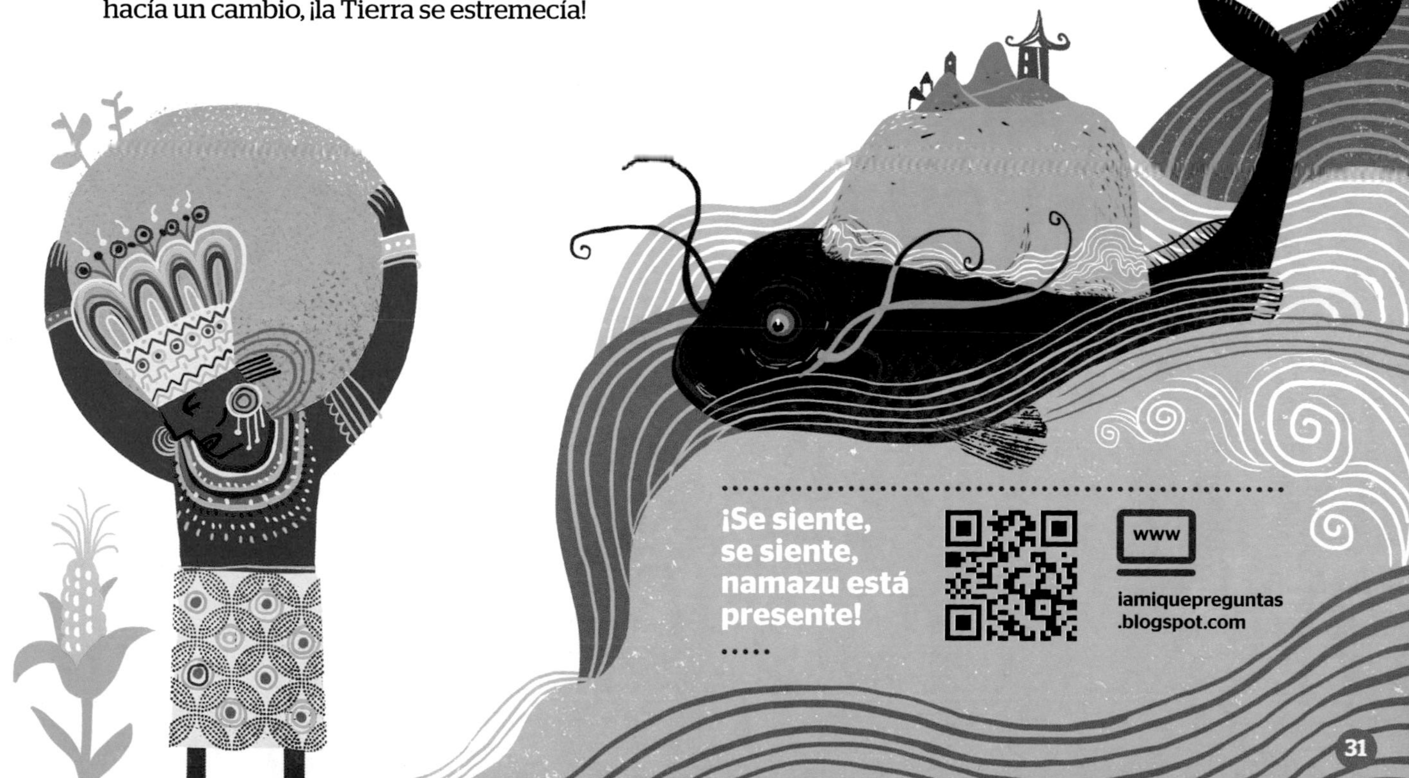

¡Se siente, se siente, namazu está presente!

www

iamiquepreguntas.blogspot.com

¿Puede haber un terremoto aquí?

La gran mayoría de los terremotos ocurren en las zonas de contacto de las placas tectónicas. Son zonas que están bien delineadas en el mapa y que, además, tienen nombre propio. Una de ellas se llama **Círculo de Fuego del Pacífico**: se inicia en la cordillera de los Andes, sigue por las Rocallosas y llega hasta las islas de Japón y del sudeste asiático. Sobre esta línea ocurren la mayor cantidad de terremotos del mundo.

Alpide es otra línea de terremotos: comienza en Java y Sumatra, en el sudoeste de Asia, continúa por la cordillera del Himalaya, en Asia, y luego pasa por el Mar Mediterráneo para terminar en el océano Atlántico, frente a la costa portuguesa. La tercera zona de terremotos es la **Fisura Central Atlántica**, esa gran brecha que está en el fondo del océano. Islandia está cruzada por esta fisura y, por eso, tiene una intensa actividad sísmica.

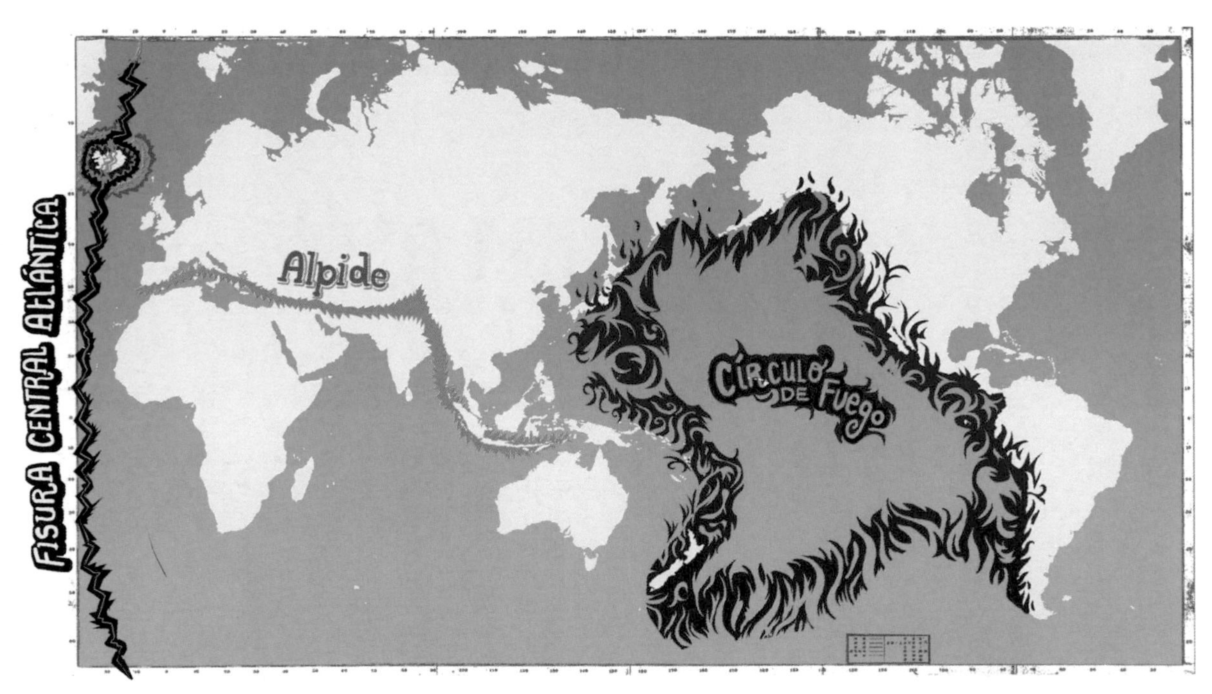

Para curiosos insaciables

Si quieres mudarte a una zona con poca actividad sísmica, la Antártida es el sitio ideal. Es el lugar donde ocurre la menor cantidad de terremotos del planeta, pero ¡qué frío!

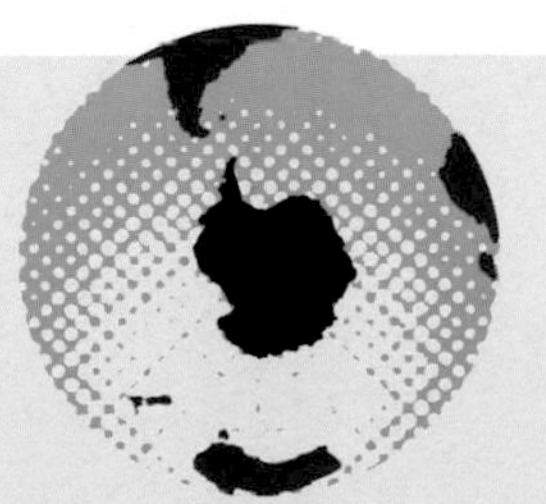

¿Se puede provocar un terremoto?

La construcción de una **represa** siempre provoca cambios sensibles en el ambiente, debido a que una gran masa de agua se ubica en un lugar que, hasta entonces, era seco. La **minería** o las **perforaciones de petróleo** también modifican el ambiente natural, porque desplazan mucha tierra de aquí para allá. Si estos cambios se realizan en una zona sensible, es decir, en una zona sísmica, pueden provocar un terremoto.

En 2008, por ejemplo, un sismo de grado 8 en la escala Richter afectó la provincia china de Sichuan. Los investigadores sospechan fuertemente que la responsable fue la represa de Zipingpu, cuya construcción había finalizado dos años antes. El reservorio de agua se instaló sobre una falla y es muy probable que el enorme peso haya provocado el temblor.

¿Quieres escuchar la voz de los geólogos?

iamiquepreguntas.blogspot.com

¿Se puede predecir un terremoto?

Un terremoto puede ocurrir un segundo, un minuto o un año más tarde de que ocurra un movimiento de placas. Entonces, por más que los geólogos detecten cualquier pequeño movimiento en la corteza, no pueden predecir cuándo ocurrirá el terremoto (si es que ocurre). Tampoco hay manera de frenar un sismo en curso. Lo que sí se puede hacer es prevenir a la población y planear con anticipación acciones de emergencia. Algo es algo...

En las ciudades asentadas en zonas sísmicas se construyen edificios que pueden resistir fuertes temblores. La técnica consiste en apoyar las construcciones en grandes resortes. De este modo, los edificios se mueven pero no se quiebran, es decir, **se hamacan pero no se derrumban**. Hay edificios antisísmicos de más de veinte pisos. ¡Imagínate cómo se bambolean los del último piso cuando ocurre un temblor!

¡Terremotos en cámara!

www

iamiquepreguntas .blogspot.com

¡¿Y qué debo hacer?!

Ante la evidencia de que se ha desatado un terremoto, lo primero que debes hacer es **ponerte a salvo**. Si estás bajo techo, ubícate bajo una mesa o una cama resistente. Es importante que te protejas de los vidrios y de los objetos que puedan caer de los estantes, así que cúbrete la cabeza con los brazos. No intentes abandonar el edificio: prohibido usar ascensores y escaleras. Si estás en el exterior, busca un espacio abierto, lejos de puentes o edificios.

En cualquier caso, aquí tienes un aliciente: los terremotos duran poco, entre dos y cinco minutos, pero ¡qué intensidad!

¿Cómo actuar durante un terremoto?

www

iamiquepreguntas
.blogspot.com

¿De dónde salen los maremotos?

Si el terremoto ocurre en el fondo del mar, las placas en movimiento desplazan una gran cantidad de agua. Esta agua sube y baja, baja y sube, creando un **maremoto**, un movimiento de aguas enorme. Sus olas se comportan de forma muy diferente de las olas con las que puedes jugar en la playa: están **mucho más separadas** -hay hasta 500 kilómetros de distancia entre dos picos- y cada pico tiene una altura de pocos metros. Pero aunque están más distanciadas y son más bajas, las olas producidas por el movimiento de las placas submarinas viajan por altamar a una velocidad de alrededor de 900 kilómetros por hora, es decir, casi **veinte veces más rápido** que las otras. ¡Tan veloces como un avión!

Para curiosos insaciables

Las olas "comunes" son provocadas por el viento y avanzan en altamar a una velocidad promedio de 50 kilómetros por hora. Además, la distancia entre una y otra es de apenas 150 metros aproximadamente.

¡Ahí viene el tsunami!

A medida que se acercan a la costa, las olas del maremoto **crecen catastróficamente** y alcanzan una altura de 30 o 40 metros, tanto o más que un edificio de diez pisos. La velocidad con la que se aproximan, sin embargo, disminuye sensiblemente: "apenas" unos 40 kilómetros por hora. Aunque te parezca poco, ¡avanzan mucho más rápido que tú!

Te resulte poco o mucho, la realidad indica que, cuando llegan a la orilla, impactan con verdadera furia y destrozan poblaciones, puertos, barcos y todo lo que encuentran en su camino.

Tsunami en japonés significa "ola de puerto".

Manos a la obra

Consigue un recipiente rectangular de aproximadamente 40 cm de largo por 20 cm de ancho. Agrega agua hasta, más o menos, 1 cm de altura. Levanta lentamente un extremo y bájalo con suavidad. Observa la ola que recorre el recipiente y registra cuánto tiempo tarda en llegar de un borde al otro. Agrega más agua y repite la experiencia. ¿Cuándo viajó más rápido la ola?, ¿cuando había más o menos agua en el recipiente? Si sigues agregando agua comprobarás que las olas viajan con mayor velocidad en aguas profundas (mar abierto) que a poca profundidad (cerca de la costa).

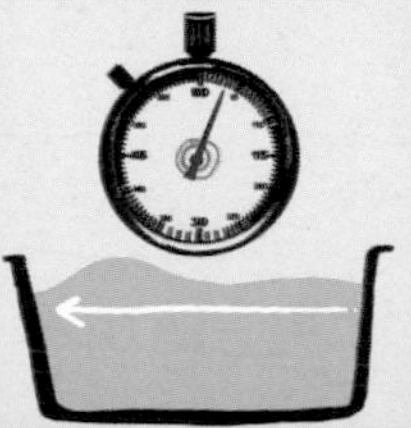

Imágenes no aptas para personas sensibles

iamiquepreguntas.blogspot.com

DATOS CURIOSOS

Un palacio muy especial

Una mañana de 1755, el rey José I de Portugal salió de la ciudad con la familia real para celebrar la fiesta de Todos los Santos en las afueras de Lisboa. Pocas horas después, **un fortísimo terremoto** sacudió la ciudad y destruyó su palacio, la catedral y los principales edificios. Enterado de lo sucedido, el rey no quiso regresar, porque sintió pánico de volver a vivir bajo techo. La corte fue reubicada en un gran conjunto de tiendas en las colinas de Ajuda, donde José I residió durante el resto de su vida.

¡Qué viajecito!

Una mañana de abril de 2012, David Baxter encontró una pelota con inscripciones en japonés en las costas de Alaska y, como creyó que era algo importante, dio la noticia a los medios. La foto de la pelota **recorrió el mundo**, hasta que Misaki Murakami reconoció el balón que había perdido en marzo de 2011, junto con su casa y el resto de sus pertenencias, cuando un tsunami arrasó la costa de Japón. David voló a Japón para restituir la pelota a su legítimo dueño. La pelota viajó 5 mil kilómetros de ida y 5 mil de vuelta.

¡Atrapa la bola!

iamiquepreguntas.blogspot.com.ar

¡Se viene la ola!

En los océanos del mundo, existen alrededor de **55 estaciones de monitoreo de tsunamis**. Se trata de boyas equipadas con poderosas computadoras que miden variaciones de altura y velocidad de las aguas. Cuando el sistema detecta la posible formación de un maremoto, automáticamente envía información a las poblaciones costeras para alertarlas. ¡Hay que huir de la playa!

Un detector milenario

Una de las creaciones más famosas de Zhang Heng, el inventor chino que nació en el año 78, fue el **detector de sismos**. Era una especie de jarrón de bronce con ocho dragones que sostenían una bola cada uno, y alrededor se ubicaban ocho sapos con la boca abierta. Si ocurría un temblor, una de las bolas se soltaba y caía en la boca de uno de los sapos: la posición del sapo que recibía la bola indicaba la dirección de la que procedía el temblor. Cuentan que el invento de Heng detectó un terremoto en Kansu, un sitio ubicado a 600 kilómetros de donde estaba y en la dirección indicada. ¡Qué bien!

¿CÓMO ADVIERTES
QUE UN TERREMOTO
ESTÁ EN PROBLEMAS?

Porque
tiembla

Preguntas sobre erupciones y volcanes

¿De dónde sale la lava?

En determinadas zonas del planeta, aquellas donde se unen las placas, el magma no logra salir con fluidez. Entonces se queda estacionado, encerrado y empujando, y presiona sobre la corteza. Así se forman reservas de magma: grandes lagos subterráneos llamados **cámaras magmáticas**.

Dentro de la cámara magmática, el magma -como si estuviera hirviendo en una olla cerrada- hace mucha presión sobre las paredes de roca. Cuando esa presión es muy grande, rompe el techo de la cámara y el magma sube hacia la superficie. Este proceso se denomina **erupción**. Por esas rarezas del lenguaje, cuando el magma sale a la superficie de la tierra se llama **lava**. Y el agujero por donde sale la lava se llama **cráter**.

¡Loco por la lava!

iamiquepreguntas .blogspot.com

¿Cómo se forman los volcanes?

Cuando sale por el cráter, la lava tiene una temperatura superior a los 800 grados. Pero, a medida que pasa el tiempo, se enfría, se solidifica y se transforma en **piedras**. Sobre estas piedras y a partir de nuevas erupciones se depositará más lava, que a su vez se irá solidificando y transformando en nuevas piedras. Y así, lava sobre lava y piedras sobre piedras, a través de los miles de millones de años de vida del planeta, se formaron esas montañas de gran altura que son los **volcanes**.

Manos a la obra

Con ayuda de un mayor, vierte agua en una olla que tenga tapa y ponla a hervir. La tapa de la olla no debe ser demasiado pesada. Cuando el agua entre en estado de ebullición, verás que la tapa se mueve o, en algún caso, se cae. Este principio es el mismo que rige para la erupción: la lava empuja desde abajo y destapa lo que encuentra a su paso.

¿Todas las erupciones son iguales?

Si la cámara magmática está a más de 100 kilómetros de profundidad, el ascenso del magma es fluido y "tranquilo". Se trata de una **erupción hawaiana**, la más frecuente del planeta. Pero si la cámara magmática está ubicada cerca de la superficie (alrededor de 10 kilómetros de profundidad), el magma recibe aire y agua a través de las filtraciones de las rocas. En este caso, es tal la temperatura del magma que el agua se evapora, el vapor y el aire filtrado se mezclan con el mismo magma y forman una gran pasta burbujeante e hirviente que en algún momento... ¡explota! Entonces, el magma emerge por el cráter y produce una terrible **erupción explosiva** que lanza piedras, humo, cenizas y lava. Una erupción tan espectacular como peligrosa.

Para curiosos insaciables

En 2011, el volcán Puyehue, al sur de Chile, entró en erupción y expulsó 100 millones de toneladas de cenizas, arena y piedra que dejaron a varias localidades de la zona cubiertas de un espeso manto gris por meses.

¡Mira la erupción del Puyehue!

www

iamiquepreguntas .blogspot.com

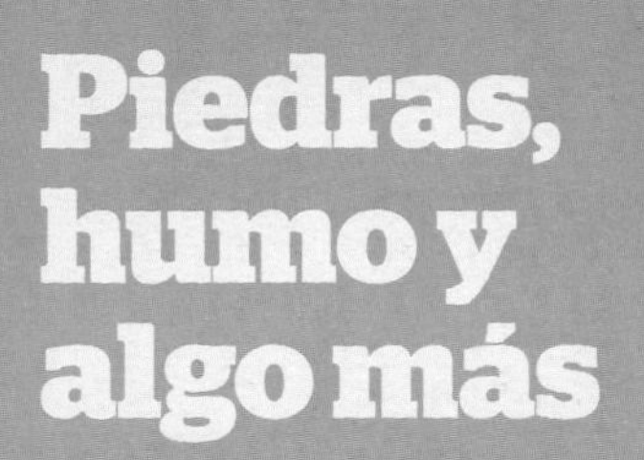

Piedras, humo y algo más

La avalancha de cenizas, fragmentos de roca y gases que lanza una erupción explosiva se llama **flujo piroclástico**: tiene una temperatura altísima (800ºC) y va a 300 kilómetros por hora, es decir, rapidísimo. Las partes más livianas (cenizas y gases) se llaman **plumas** del volcán y pueden cubrir el sol por largos períodos o trasladarse por el aire y, al caer, cubrir grandes extensiones de tierra, incluso pueblos enteros.

Para los más curiosos

Cuando un volcán está a la orilla de un lago, las piedras volcánicas -que suelen ser de color gris oscuro y negro- son erosionadas por el agua y se transforman en arena. Así se forman llamativas playas negras. Esto ocurre, por ejemplo, en el lago Pucón, al sur de Chile, en las islas Canarias y en las playas de Vik, en Islandia.

El top ten de las playas de arena negra

www

iamiquepreguntas.blogspot.com

¿Los volcanes duermen?

Un **volcán dormido** es un volcán que no tuvo actividad durante mucho tiempo. ¿Semanas? ¿Meses? No: un volcán dormido es el que no tuvo una erupción en los últimos 25.000 años. ¿Y cómo se sabe que no hubo erupciones durante tanto tiempo? A partir de estudios en sus rocas, los científicos pueden determinar en qué momento habría ocurrido la última erupción. Pero atención: que un volcán esté dormido no significa que esté muerto. Pese a que no hubo erupciones, es posible detectar fumarolas, emisión de vapores y cambios de temperatura en los lagos o las corrientes de agua cercanas.

Un **volcán muerto o extinto**, en cambio, tiene su cámara magmática fría y endurecida, y no se registra ningún evento en el exterior.

¡Disfruta estos bellísimos cráteres!

www

iamiquepreguntas.blogspot.com

¿Cómo se despierta un volcán?

Aunque no se resgistren erupciones, un volcán dormido acumula magma caliente en su cámara. Esto quiere decir que lentamente va aumentando la presión, un poquito más, un poquito más, un poquito más... Así, como si se desperezara de un largo sueño, el volcán comienza a **dar señales** de su actividad: se sienten temblores en la tierra, pueden escucharse ruidos internos y hasta puede observarse la expansión de sus laderas. ¡Un volcán puede engrosarse hasta un metro por día!

Cuando esto ocurre, también suelen observarse columnas de gases saliendo del cráter o de algunas fisuras de sus laderas. Todos estos eventos pueden medirse y, muchas veces, sirven para detectar la inminencia de una erupción. **¡Riiiiiiiiiiing!**

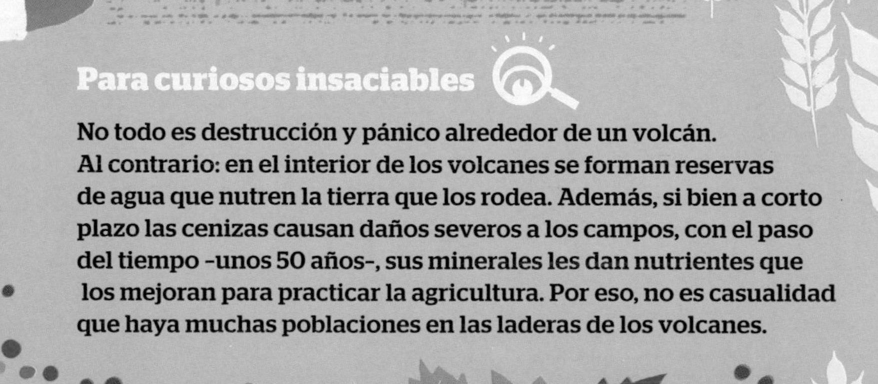

Para curiosos insaciables

No todo es destrucción y pánico alrededor de un volcán. Al contrario: en el interior de los volcanes se forman reservas de agua que nutren la tierra que los rodea. Además, si bien a corto plazo las cenizas causan daños severos a los campos, con el paso del tiempo -unos 50 años-, sus minerales les dan nutrientes que los mejoran para practicar la agricultura. Por eso, no es casualidad que haya muchas poblaciones en las laderas de los volcanes.

Vulcano era el dios del fuego y los metales para los romanos. Vivía en las entrañas de la Tierra y, con el calor que allí había, derretía los metales para hacer armas poderosas y armaduras indestructibles. Era un dios enojoso y temible, como los volcanes.

Dionisio Pulido, un granjero mexicano, vio el 20 de febrero 1943 **una fisura en la tierra** que comenzó a crecer hasta convertirse, un año más tarde, en ¡un volcán de 336 metros! Dionisio tuvo que abandonar su campo de maíz porque durante los años siguientes el volcán Paricutín estuvo en erupción, y todo a su alrededor quedó sepultado en lava y cenizas. En 1952, cuando finalizó su actividad (o, al menos, se tomó un descanso), el volcán medía 424 metros.

¡Mira cómo quedó la iglesia!

www

iamiquepreguntas.blogspot.com

En 1748 comenzaron los trabajos de excavación arqueológica al pie del volcán Vesubio donde, según un relato del año 79, existía una ciudad que había quedado sepultada por una erupción. El hallazgo fue sorprendente: la ciudad de **Pompeya estaba intacta**. El foro, los baños y muchas casas permanecían en excelente estado de conservación. Hasta los cuerpos tapados por la lava pudieron reconstruirse: se encontraron personas aferradas a sus pertenencias, perros atados y hasta gladiadores ataviados para la lucha.

Conoce cómo trabajan los científicos en Pompeya

iamiquepreguntas.blogspot.com

¿Qué son las islas volcánicas?

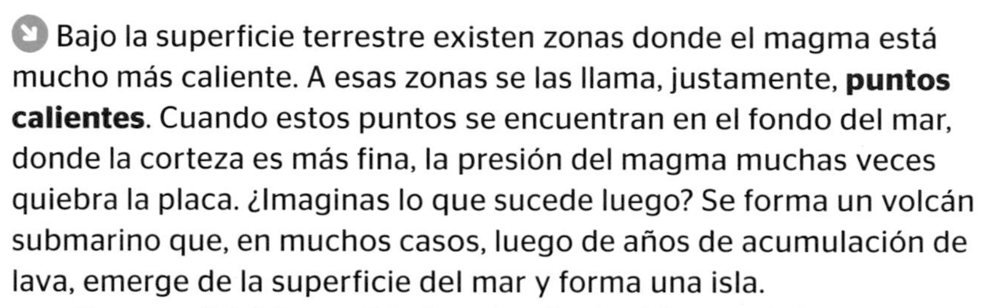

Bajo la superficie terrestre existen zonas donde el magma está mucho más caliente. A esas zonas se las llama, justamente, **puntos calientes**. Cuando estos puntos se encuentran en el fondo del mar, donde la corteza es más fina, la presión del magma muchas veces quiebra la placa. ¿Imaginas lo que sucede luego? Se forma un volcán submarino que, en muchos casos, luego de años de acumulación de lava, emerge de la superficie del mar y forma una isla.

¿Sorprendido? En realidad, casi todas las islas oceánicas son grandes volcanes que se elevaron desde el fondo marino. *Voilà!*

Para curiosos insaciables

Una de las islas volcánicas de mayor tamaño es la Isla Grande del archipiélago de Hawái. Sus cumbres alcanzan los 4.170 metros sobre el nivel del mar, que sumados a los 5.000 metros sumergidos en el mar dan por resultado un volcán de más de 9.000 metros de altura. ¡Un gigante que asoma!

¿Quieres ver el nacimiento de una isla?

iamiquepreguntas
.blogspot.com

¡A la fila!

Los **puntos calientes** están ubicados en lugares fijos del manto. Debido a que la placa submarina se desliza lentamente sobre el manto, a medida que se desplaza se va formando una cadena de volcanes. Sus edades varían de acuerdo con la distancia que los separa del punto caliente: son más antiguos cuanto más alejados se encuentran.

El punto caliente de Hawái, por ejemplo, ha creado la cadena montañosa de Hawái y Emperador, que tiene más de 5.800 kilómetros de largo. Algunos de sus volcanes están sumergidos y otros afloran sobre el nivel del mar; cuatro están activos, dos están dormidos y más de 100, extintos. El volcán más antiguo tiene aproximadamente 30 millones de años; y el más "joven", menos de dos millones.

Así se formaron también las islas Galápagos, las de Azores, las de Canarias y las de la Polinesia.

Entérate por qué las Galápagos son un laboratorio biológico fenomenal

iamiquepreguntas .blogspot.com

¿Quién calienta las aguas termales?

Miles de años después de una erupción, la zona que rodea el volcán **sigue estando muy caliente**. Tan caliente que el agua que se filtra al interior de la tierra por grietas y ríos internos ¡también se calienta! Esta agua retorna hacia la superficie y, a medida que asciende, recoge los minerales de las rocas volcánicas que encuentra a su paso. Si no hay ningún obstáculo en su subida, forma grandes piletones de agua tibia, rica en azufre, hierro, calcio y magnesio.

Aunque no está del todo comprobado, dicen que los baños en aguas termales mineralizadas tienen efectos muy saludables: mejoran la circulación sanguínea y la oxigenación del cuerpo, descontracturan el sistema muscular y regeneran la piel. ¡A bañarse!

Para curiosos insaciables

En algunos países como Japón, Islandia y Nueva Zelanda, las aguas subterráneas se utilizan para generar energía eléctrica. Desde miles de metros de profundidad, el agua caliente es conducida mediante unos tubos hasta la superficie. Cuando sale, se libera con tanta fuerza que es capaz de mover poderosas turbinas que generan energía eléctrica. ¡Sin contaminar el planeta!

Mira cómo llevan el calor de la Tierra a casa

iamiquepreguntas.blogspot.com

¿Un volcán de agua?

En algunas zonas volcánicas puede haber fracturas que forman conductos naturales por las que el agua -de lluvia o de deshielo- baja hasta formar grandes ollas internas. Allí, debido a la presencia de rocas a muy altas temperaturas, el agua se calienta como si fuera una sopa. Cuando entra en ebullición, si logra tener suficiente presión, surge un hermoso chorro de vapor y agua desde la tierra. ¿Ya sabes de qué se trata? Es un **géiser**. La palabra géiser viene del islandés y significa "surtidor".

El géiser tiene periodos regulares de llenado y vaciado: exhala un chorro de vapor y agua, se "apaga", el agua del interior se calienta otra vez, entra en ebullición, exhala un chorro de vapor y agua... En Islandia, por ejemplo, el géiser Strokkur lanza un chorro cada 6 minutos, que puede alcanzar los 30 metros de altura. ¡Puntual y candente!

Para curiosos insaciables

De los casi mil géiseres que se conocen, la mitad se encuentra en el Parque Nacional Yellowstone, en Estados Unidos. También hay géiseres en Chile, en Rusia, en Nueva Zelanda y en Islandia.

¿Quieres pasear por Yellowstone?

iamiquepreguntas.blogspot.com

¡Qué ruido!

El sonido más fuerte registrado por el hombre en la Tierra data de 1883. Al escucharlo, los pobladores de la isla de Rodrigues -en el océano Índico- imaginaron que la Tierra se había partido al medio. Gracias al telégrafo, en pocas horas supieron que no era eso, pero sí algo parecido: se trataba de la erupción cataclísmica del volcán Krakatoa, a casi 5.000 kilómetros de distancia, que hizo volar por los aires la isla donde se hallaba.

¡Qué contaminación!

En octubre de 2011, cerca de las Islas Canarias, un volcán submarino estalló. La temperatura del mar subió 20ºC y, debido a los **gases tóxicos** que emanaron del volcán, el agua se puso muy ácida y cambió su composición hasta quedarse casi sin oxígeno. En los días siguientes a la erupción, todos los peces de la zona desaparecieron, porque murieron o migraron.

De otro planeta

¿Sabes dónde está el **volcán más alto**? Nada más y nada menos que en Marte. Es el monte Olimpo, con una altura de 27.000 metros, ¡más de tres veces la altura del Everest! Este volcán es tan grande para la superficie marciana que la única forma de verlo completo es desde el espacio. Más curioso es que si te pararas en la cima no podrías ver la base, ya que la pendiente se pierde en el horizonte.

¿Quieres sobrevolar el suelo marciano?

iamiquepreguntas.blogspot.com

Isla para estrenar

En 1963, cerca de Islandia, la erupción de un volcán submarino creó la isla de Surtsey, lo que la convirtió en **el territorio más nuevo del planeta**. Fue declarada reserva natural y, desde entonces, los científicos estudian cómo se va llenando de vida...
En 1965 se observaron las primeras plantas y actualmente ya hay 30 especies diferentes. Además, ya se detectaron algunas aves e insectos. ¡Un ecosistema surgiendo en vivo y en directo!

¡Más sobre la interesante isla de Surtsey!

iamiquepreguntas.blogspot.com

¿CUÁL ES LA MONTAÑA MÁS LIMPIA?
El volcán, porque echa ceniza y, después, lava.

¿Quieres saber un poco más?

Sitios que puedes visitar

Proyecto Observación Villarrica
www.povi.cl

Red de vigilancia volcánica del Servicio Nacional de Geología y Minería de Chile
www.sernageomin.cl/volcanes.php

Instituto Nacional de Prevención Sísmica de Argentina
www.inpres.gov.ar/
[En la pestaña de *Sismología* encontrarás mucha información]

Observatorio de la Tierra de la NASA
(en inglés)
earthobservatory.nasa.gov

Estación Meteorológica de Murcia (España) - Terremotos en tiempo real
meteomurcia.com/wxquake.php

Geología para escolares - Instituto Geológico Minero y Metalúrgico de Perú
www.ingemmet.gob.pe/GeologiaEscolares/index.html

Gobierno de Canarias - Consejería de Educación y Sostenibilidad. Recursos Educativos
www3.gobiernodecanarias.org/medusa
[En la pestaña de *Recursos Educativos* encontrarás documentales y animaciones muy interesantes]

Películas que puedes ver

Viaje al centro de la Tierra (1959)
http://www.imdb.com/title/tt0052948/

Viaje al centro de la Tierra (2008)
http://www.imdb.com/title/tt0373051/

El núcleo (2003)
http://www.imdb.com/title/tt0298814/

Krakatoa, al este de Java (1969)
http://www.imdb.com/title/tt0064555/

Libros que consultamos

Volcanes: Nacimiento, estructura, dinámica, de Eduardo Jorge Llambías. Vazquez Mazzini Editores, Buenos Aires (2009).

Introducción a la geología, de Andrés Folguera, Víctor Ramos y Mauro Spagnuolo. Eudeba, Buenos Aires (2007).

Encyclopaedia Britannica - Gran atlas de la ciencia: volcanes y terremotos. Editorial Sol 90, Barcelona-Buenos Aires (2006).

De la Tierra y los planetas rocosos: una introducción a la tectónica, de Andrés Folguera y Mauro Spagnuolo. Instituto Nacional de Educación Tecnológica, Ministerio de Educación, Buenos Aires (2010).

¿Quiénes hicieron este libro?

Fernando nació en Buenos Aires en 1968. A los 12 años viajó con su familia a Bariloche y quedó prendado de las montañas, donde más de una vez se perdió siguiendo algún sendero. De joven hizo muchos viajes a la cordillera de los Andes, que le despertaron gran curiosidad acerca del suelo, las piedras, los movimientos sísmicos y los volcanes. Quizá por eso, decidió ser doctor en Ciencias Físicas.
En 1997 conoció a Gabriela, con quien compartía su pasión por la geología, entre otras pasiones. Se enamoraron y se casaron. Juntos recorrieron varias zonas montañosas, treparon cerros, observaron las irregularidades del suelo y se hicieron montones de preguntas, muchas de las cuales inspiraron este libro.

Gabriela nació en Mar del Plata en 1968. A pesar de haber nacido cerca del mar, o quizá justamente por eso, siempre adoró viajar a la montaña. De joven se dedicó al *trekking:* recorrió a pie el cordón de Sierra de la Ventana y escaló el volcán Lanín, el Osorno, el Tronador y el cerro Catedral. Y en medio de tantos viajes, conoció a Fernando, otro fanático de las montañas. A la hora de estudiar, se inclinó por otra de sus pasiones: las palabras. Es licenciada en Letras y, desde que aprendió a escribir, lo hace casi sin parar. Actualmente se dedica al periodismo gráfico, escribe cuentos y coordina talleres de escritura para niños y para adultos. Y asegura que le encantaría conocer un volcán por dentro.

Javier nació en Buenos Aires en 1969. Es diseñador gráfico, ilustró muchos libros para niños y enseña historia y diseño en la universidad. Todavía tiene algún recuerdo del temblor que se sintió en el piso 12 del edificio donde vivía en Buenos Aires durante el terremoto en San Juan en 1977.
Piensa que si hubiese sabido que los volcanes dormidos pueden despertarse no habría acampado tan tranquilamente a orillas del lago Huechulaufquen junto al volcán Lanin.
Le gusta bailar con el tema *Lava* del grupo B-52's, la canción *Volcano* de Billy Preston, el album *Pangaea* de Miles Davis y todos los discos que Bob Marley grabó para el sello *Island*.

¿Quieres conocerlos?

iamiquepreguntas.blogspot.com

Fernando y Gabriela

Javier

¿Ya eres parte de los seguidores de ediciones iamiqué?

info@iamique.com.ar
www.iamique.com.ar
facebook: ediciones.iamique
twitter: @_iamique_

Química hasta en la sopa

Guía turística del Sistema Solar

¡Achís!

Asquero-sologia del cerebro a las tripas

9 meses bajo la lupa

Cuando sea grande quiero ser...

El detective Intríngulis y el robo de la "Mona Luisa"

Criaturas monstruosas

La medicina no fue siempre así

Este libro se imprimió en febrero de 2014 en *Grancharoff Impresores*, Tapalqué 5868, Buenos Aires (Argentina), una ciudad donde se ha registrado un único movimiento sísmico allá por junio de 1888. Según los expertos, fue de baja intensidad, el epicentro estuvo en el Río de la Plata y produjo daños leves. impresores@grancharoff.com

¡Mira cómo se hizo este libro!

iamiquepreguntas
.blogspot.com